Gaby Shayana Hoffmann

Mein Selbstliebe Orakel

Ich achte in Liebe auf mich selbst

Begleitbuch zu den 40 Karten

ISBN 978-3-8434-9227-0

Gaby Shayana Hoffmann
Mein Selbstliebe-Orakel
Ich achte in Liebe auf mich selbst

Birkenweg 14a, 64295 Darmstadt
E-Mail: gpsr@schirner.com

3. Auflage Juli 2025

Layout von Box, Karten & Begleitbuch: Hülya Sözer, Schirner, unter Verwendung von Illustrationen von Gaby Shayana Hoffmann
Illustrationen: © Gaby Shayana Hoffmann, www.dolphins-dreamdesign.de
Lektorat: Elke Truckses, Schirner
Druckproduktion: Ren Medien GmbH, Filderstadt
Printed in Czech Republic

www.schirner.com

Inhalt

Vorwort

Liebes Wesen,
wie schön, dass du dich zu diesem Kartenset hast hinführen lassen. Es erlaubt dir einen noch intensiveren und achtsameren Umgang mit dir selbst und gibt dir die Möglichkeit, dich in der Tiefe besser kennenzulernen. Denn nur wenn du dich wirklich kennst, kannst du dich in deinem ganzen Sein, mit allen Ecken und Kanten, annehmen und vor allem lieben.

Erlaube dir, dich an die erste Stelle im Leben zu setzen und dich liebevoll um dich selbst zu kümmern. Du bist deshalb weder selbstsüchtig noch egoistisch. Gerade in diesen Zeiten sind wir durch den Einfluss der sozialen Medien angreifbar geworden und gefühlt häufiger als früher mit Mobbing und anderen negativen Erlebnissen konfrontiert. Daher ist es essenziell, dass du dich um dich selbst kümmerst und darauf achtest, dass du alles hast, was du im Leben benötigst. Bedingungslose Selbstliebe ist die Grundlage, die du wie jeder andere Mensch brauchst, um zu gedeihen, aufzublühen und dich zu voller Größe zu entwickeln. Nur auf einem sicheren und festen Fundament kannst du all das aufbauen, was du dir für dein Leben wünschst: Liebe, Gesundheit, Lebensfreude, Erfüllung und, ja, auch Wohlstand in allen Lebensbereichen.

Es ist Zeit für dich, nach Hause zu kommen. In dein inneres Zuhause, zu deinem Licht, das in DIR brennt, zu der Liebe, aus der DU gemacht bist.

Ich wünsche mir, dass das liebevolle Verständnis für das eigene Selbst und das Wissen um die eigene Stärke eines Tages von einer Generation sich selbst liebender Eltern weitergegeben und auch in den Schulen gelehrt wird. Damit jedes Kind in sich gefestigt und geliebt aufwächst und weiß: Gleich, was mir im Leben geschieht, ich kann damit umgehen, ich werde Lösungen finden und jederzeit Kraft aus mir selbst schöpfen.
Du bist nicht hier, um dich von äußeren Geschehnissen herumschubsen zu lassen oder machtlos von einer Herausforderungen zur nächsten zu taumeln. Du bist hier, weil du wachsen wolltest. Du darfst jegliche Ohnmachtsgefühle hinter dir lassen und dich wieder daran erinnern, welches kraftvolle, mächtige und liebenswerte Wesen in dir wohnt. Du bist niemals Opfer, sondern immer Schöpfer deiner eigenen Welt. Falls du eine andere Wahrnehmung deines Lebens hast, handelt es sich um Illusionen, die du jetzt als solche entlarven darfst.

Es ist Zeit, in jeglicher Hinsicht die Verantwortung für dein Leben zu übernehmen. DU darfst deine Talente leben, DU darfst deine Gaben entwickeln, DU darfst deine Wünsche zum Leben erwecken – dies alles geschieht in dem Augenblick, in dem DU es dir selbst erlaubst!
Erinnere dich jeden Tag an deine Selbstermächtigung, immer wieder, bis es für dich ganz selbstverständlich geworden ist. Denn es ist deine wahre Natur, dein Leben spielerisch, liebend und vertrauensvoll mit Wundern und Magie zu füllen.
Lasse es geschehen!

In Liebe

Shayana

So kannst du die Karten anwenden

Dieses Kartenset ist als spielerisches Medium erschaffen worden und soll dir dabei helfen, deinen Alltag bewusster zu erleben und liebevoller mit dir selbst umzugehen. Die 40 Kartenbotschaften sollen dich sensibilisieren, damit du erkennst, in welchen Bereichen du wertvolle Energie verlierst und wie du mehr Selbstliebe entwickeln kannst. Manche Themen gehen sehr tief, bitte habe Vertrauen und den Mut, auch dort genauer hinzuschauen. Alles geschieht in Liebe und zu deinem Besten. Je bewusster und achtsamer du durch dein Leben gehst, desto einfacher wird es für dich, auf deine Bedürfnisse zu achten und dir deine Wünsche zu verwirklichen. Alles steht und fällt mit dem, was du dir selbst wert bist.

Die liebevoll gestalteten Karten kannst du entweder für dich selbst verwenden oder mit ihnen einer anderen Person Impulse geben. Wenn du Coach, Therapeutin oder Berater bist, kannst du sie in deinen Workshops oder der direkten Arbeit mit den Klienten nutzen. Sie lassen sich auch gut mit anderen Kartensets kombinieren.

Wichtig: Gib dir und deinen Klienten genügend Zeit. Viele Karten beinhalten erste Hinweise. Viele weitere Ideen können nach intensiverer Auseinandersetzung mit ihnen daraus erwachsen. Bleibe offen für das, was zu dir und deinen Klienten kommen möchte.

Am besten heißt du dein neues Kartenset erst einmal in deinem Leben willkommen. Es darf dir ab jetzt als Impulsgeber dienen, und es ist von Vorteil, wenn du dich zu Beginn mit der Energie dahinter verbindest. Nimm dazu die Kartenbox in deine Hände, und bedanke dich dafür, dass du ab sofort mit den Karten arbeiten darfst und dir ihre Botschaften hilfreiche Hinweise für dein Leben geben werden. Bitte darum, dass sich die Karten mit deinem Herzen und deiner Seele verbinden. Vielleicht hast du auch ganz eigene Rituale, mit denen du solche neuen Werkzeuge in deinem Leben begrüßt. Dann folge deinen schon erprobten Wegen.

Ob du dir dann jede Karte einzeln anschaust und sie auf dich wirken lässt oder ob du den gesamten Stapel lieber gleich mischst und dich von der gezogenen Karte überraschen lässt, ist ebenfalls ganz dir und deinen Vorlieben überlassen. Du wirst spüren, wie es für dich am stimmigsten ist.

Nimm dir für die Arbeit mit den Karten auf jeden Fall einen ruhigen Moment, und bitte deine innere Führung und deine Seele um wertvolle Impulse, die dich unterstützen und dir helfen, ein Leben voller Selbstliebe zu führen.

Ob du täglich eine Karte für dich ziehst oder mehrere, kann sich von Tag zu Tag verändern. Ich gebe hier ungern Legetechniken vor, weil jeder Mensch unterschiedlich ist und sich zudem in einer individuellen Lebenssituation befindet. Schule deine intuitiven Wahrnehmungen, und erspüre, welche Impulse du jetzt brauchst.

Vor dem Ziehen der Orakelkarten kannst du dir innerlich Fragen stellen wie:

- Wie kann ich mir heute mehr Achtsamkeit entgegenbringen?
- Was ist gerade wichtig für mich, was sollte ich beachten?
- Was hilft mir in meiner aktuellen Situation?

Wenn du deine Karten gezogen hast, spüre in ihre Botschaft hinein. Noch bevor du dir den Text im Begleitbuch durchliest, kannst du bereits in deine ganz eigenen Impulse hineinfühlen. Innerlich hast du vielleicht selbst schon Hinweise zum Kartenthema erhalten. Deiner eigenen Wahrheit Raum zu geben und ihr zuzuhören, ist in diesem Moment das Allerwichtigste. Als Ergänzung lies dann gern das, was das Begleitbuch noch für dich bereithält.

Wenn du das Gefühl hast, dass sehr viele Informationen zu dem gezogenen Thema aus dir heraussprudeln, nimm dir die Zeit und schreibe sie auf. Vielleicht wirst du mit etwas Abstand einiges in einem neuen Licht sehen und froh sein, deine Gedanken und Gefühle notiert zu haben.

Ich wünsche dir auf deinem Weg zu mehr Selbstliebe und Selbstannahme viel Mut und eine große Portion Licht, das deine Schatten erhellt und dich wieder erkennen lässt, welch wunderbarer und liebenswerter Mensch, welch kraftvolles Schöpferwesen du bist!

KARTENBOTSCHAFTEN

AKZEPTANZ

Ich lasse meinen inneren Widerstand los und nehme an, was ist.

Impuls für den Augenblick

Alles, wogegen du dich sträubst und einen inneren Widerstand aufbaust, nährst du unbewusst mit deiner Energie. Diese Dinge lassen dich innerlich nicht los, deine Gedanken kreisen ständig um sie. Das raubt dir auf Dauer Energie und lässt dich blindlings gegen Mauern rennen, die du auf diese Weise niemals zum Einsturz bringen wirst.

Versuche in solchen Situationen, deinen Widerstand völlig loszulassen und in die Akzeptanz zu gehen. Wisse: Wenn du etwas so annimmst, wie es gerade ist, bedeutet das nicht, dass du damit einverstanden bist, sondern nur, dass du nicht weiter dagegen ankämpfst. Ein Angriff verursacht immer einen Gegenangriff. Wie soll sich eine Herausforderung oder eine Situation deines Lebens lösen, wenn du dich daran festklammerst?

Auch Kriege können nur beendet werden, wenn eine – am besten beide – Seite loslässt und dem »Gegner« vielleicht sogar entgegenkommt.
Wenn du etwas in deinem Leben verändern möchtest, weil es gerade noch nicht deiner Vorstellung entspricht, ist es nur hinderlich, wenn du dich gegen deine aktuelle Lebenssituation wehrst und sie bekämpfst. Gib dir etwas Zeit, und nimm die Situation erst einmal als gegeben an. Komme aus dem Kampfmodus heraus. Aus irgendeinem Grund ist dein Leben gerade so, wie es ist, nichts geschieht zufällig. Manchmal erkennst du die Zusammenhänge erst zu einem späteren Zeitpunkt, vertraue darauf, dass es einen übergeordneten Sinn gibt.
Bitte darum, einen Weg und eine Lösung zu finden, die sich für dich besser anfühlt, dich glücklicher macht und dir mehr entspricht. Das Annehmen der Situation bedeutet nicht, dass du die Hände in den Schoß legst. Du erlaubst dir einfach, intelligentere Lösungen anzuziehen, als mit dem Kopf durch die Wand zu wollen.

Wenn DU entspannt abwartest und dem Leben die Führung überlässt, können Dinge geschehen, die du selbst nie für möglich gehalten hättest und die DICH zum Staunen bringen werden.

Atmen und Lächeln

Ich atme ganz tief ein
und aus, entspanne mich –
und lächle.

Impuls für den Augenblick

Es gibt Momente, da sind keine großartigen Aktionen im Außen nötig. Es hilft dir umso mehr, wenn du dir selbst erlaubst, dich an deinen inneren Ort der Stille zurückzuziehen.

Lasse die Spiele, die Dramen, die Geschichten und die Meinungen anderer dort, wo sie sind – außerhalb von dir. Du bist nicht dafür da, alles im Blick zu haben, zu wissen, zu kommentieren oder zu reparieren. Achte nur darauf, dass es dir gut geht. Nimm dich aus dem Geschehen heraus, setze klare Grenzen, und suche dir einen ruhigen Ort, an dem du dich wohlfühlst. Und dann atme. Atme bewusst, und spüre dich dabei. Nimm wahr, wie der Lebensatem durch dich hindurchfließt und dich mit allem versorgt, was dir vielleicht in der

letzten Zeit gefehlt hat: Ruhe, Entspannung, Selbstfürsorge, Selbsterkenntnis, Selbstwahrnehmung.
Wenn es dir schwerfällt, dies ohne Anleitung zu tun, suche dir online eine Atemübung oder eine Meditation, die sich für dich passend anfühlt. Spüre dabei, wie du von der Energie deiner Seele, von der Quelle allen Seins und allen lichten Energien, die dich umgeben, erfüllt wirst. Fühle, wie sich dein Energiefeld ausdehnt und du immer präsenter im Augenblick wirst. Nimm dich intensiv in deiner ursprünglichen Größe wahr. Und während du einfach im Augenblick BIST und atmest, dich in deiner wahren Essenz spürst, bemerkst du, wie sich ein kleines Lächeln auf deinem Gesicht ausbreitet. Einfach, weil du erkennst, dass alle Sorgen und Ängste, alle Befürchtungen und Herausforderungen des alltäglichen Lebens in Anbetracht deines wahren Seins bedeutungslos werden.

Du weißt jetzt, dass DU jederzeit die Kraft und die Liebe in dir trägst, die DEIN Leben in neue Bahnen lenken können.

Aus dem Dunkel ins Licht

Ich nehme in Liebe an, was ich bisher vor mir selbst versteckt habe.

Impuls für den Augenblick

In deinem Innersten gibt es einen ganz besonderen Raum, den »Raum des Unerwünschten«. Dieser enthält all das, was du dir bisher nicht eingestehen und was du nicht fühlen wolltest. Immer, wenn dich etwas zu überwältigen drohte, wenn dich etwas zu sehr schmerzte, hast du die Tür geöffnet und diese Momente deines Lebens, deine unerwünschten Gefühle in diesen Raum verbannt. Und du hast die Tür so schnell und kraftvoll hinter dir zugeworfen, wie es nur ging, und deinen Körper gegen sie gestemmt, damit sie wirklich geschlossen bleibt und du nicht sehen musst, was sich sonst noch alles dahinter befindet.

Ich verrate dir jetzt etwas. Dieser Raum hat noch einen zweiten Namen, er lautet: »Dein Raum des Mutes«. All

das, wovon du glaubst, nicht damit umgehen zu können, beinhaltet deine wertvolle Energie, die dir endlich wieder zur Verfügung stehen möchte.
Wenn du diese Karte gezogen hast und diesen Text liest, ist dies ein eindeutiges Zeichen für dich, dass es jetzt an der Zeit ist, diese Tür wieder zu öffnen. Du glaubst vielleicht, das ginge nicht, weil es dich überwältigen und zerstören würde. Glaube mir, das ist nicht der Fall. Bitte deine Seele und dein Herz, dich zu begleiten, rufe Wesen an deine Seite, von denen du dich beschützt fühlst. Das können Engel, Geistführer, Krafttiere oder sogar jemand aus deinem physischen Umfeld sein (Familie, Freunde oder beispielsweise auch ein Coach oder eine Therapeutin, wenn du mit tiefergehenden Herausforderungen kämpfst).

Wisse: Du bist in Wirklichkeit ein starkes, mächtiges Lichtwesen! Wenn du dich nicht länger vor deiner Kraft und Macht versteckst, kann dir alles zur Verfügung stehen, was zu dir gehört. Nichts muss von dir abgetrennt sein, alles darf dir dienen. Öffne DICH in Liebe und Mitgefühl für DICH SELBST, und nimm die Schätze deines Lebens wieder in Empfang.

Aus Liebe zu mir

Ich liebe und wertschätze mich und nehme mich so an, wie ich bin.

Impuls für den Augenblick

Es ist schon erstaunlich, dass der Mensch eines der wenigen Wesen ist, das sich selbst ablehnen kann.

Sag mir bitte, warum sollte es irgendetwas an dir geben, was du nicht lieben und wertschätzen kannst? Wenn du dem Gefühl von innerer Ablehnung nachspürst, wirst du bemerken, dass oftmals Vergleiche oder Erlebnisse mit anderen Menschen dafür verantwortlich sind. Wenn du mit dir selbst wirklich glücklich werden möchtest, dann darfst du von außen nach innen wechseln. Von den anderen Menschen und ihrer Meinung hin zu deinem wahren Kern, zu dir selbst. Denn dein inneres Licht, deine Seele wertschätzt dich schon über alle Maßen.

Nun bist du dran. Gar nicht so einfach, nicht wahr?

Um dir im Alltag immer wieder vor Augen zu führen, dass du absolut liebenswert bist, probiere Folgendes: Frage dich ab heute bei wirklich allem, was du tust: »Wie würde ich agieren und reagieren, wenn ich mich selbst zu einhundert Prozent liebte?«

Eine spannende Frage, oder? Wisse, die meisten Menschen haben noch Probleme damit, sich vollkommen anzunehmen und so zu lieben, wie sie sind. Daher sind wir alle auf einem ähnlichen Weg.

Lasse dich auf dieses Experiment ein, denn auch wenn dein Verstand noch keine Idee hat, wie du diese Selbstliebe aktivieren kannst, dein Herz und deine Seele wissen es. Und mit dieser kraftvollen Frage wirst du erstaunliche Antworten bekommen!

Sei dabei so ehrlich wie möglich zu DIR, und wenn du eine klare Antwort bekommen hast, handle auch danach. Dann entwickelt sich aus der Erkenntnis ein neues Verhalten, mit dem DU dir reine Selbstliebe schenkst, die sich immer stärker in DIR entwickelt.

BEOBACHTERROLLE

Ich lasse Bewertungen und Beurteilungen hinter mir und beobachte nur.

Impuls für den Augenblick

Durch die Wahrnehmung von Ungerechtigkeiten oder Missständen werden wir seit jeher dazu verleitet, Dinge, Situationen und andere Menschen in Gut oder Böse und Richtig oder Falsch einzuteilen und zu bewerten.

Du hast dich sicherlich schon einmal so sehr über andere Menschen oder Umstände aufgeregt, dass du kaum noch etwas anderes gesehen hast. Doch jedes Mal, wenn du etwas negativ bewertest, ermächtigst du es auch, indem du deine kostbare Energie investierst. Das raubt dir immense Kräfte und schwächt dich. Wenn du spürst, dass du dich immer weiter in solche Beurteilungen verstrickst, halte inne, und werde dir bewusst, dass du hier nicht im Sinne der Selbstfürsorge handelst. Hat diese Situation überhaupt etwas mit deinem Leben zu tun? Frage dich, ob du tatsächlich direkt betroffen bist. Falls ja, hinterfrage, was sich durch deine Empörung und deine Bewertung daran ändern würde. Sei ehrlich – in der Regel verändert sich nichts! Die Spiele der Welt nehmen manches Mal Ausmaße an, die du dir kaum rational erklären kannst. Das liegt auch daran, dass du meist nicht den Überblick über die Situation hast.

Um wieder Ruhe und Frieden zu erfahren, nimm Abstand von sämtlichen Bewertungen und Beurteilungen, tritt einen Schritt zur Seite, und beobachte erst einmal urteilsfrei. Du wirst bemerken, dass dir plötzlich Dinge auffallen, die du bisher gar nicht wahrgenommen hattest.

Bleibe einfach ganz bei DIR, sorge für DICH SELBST, ohne dich in den Strudel der Bewertungen hineinziehen zu lassen.

DANKBAR SEIN

Ich lasse Dankbarkeit mein Herz erfüllen und ziehe so noch mehr Dankenswertes in mein Leben.

Impuls für den Augenblick

Wertschätzung deinem Leben gegenüber – mit allem, was es für dich bereithält –, ist einer der wichtigsten Schlüssel zu mehr Selbstliebe und Glück.

Wenn du deinen Fokus ausschließlich auf die Dinge legst, die dir fehlen, die deinen Körper und deine Gesundheit belasten, die (noch) nicht so sind, wie du sie gern hättest, erschaffst du mehr von dem, was dich gerade gedanklich und emotional beschäftigt. Wenn du jedoch immer wieder innehältst und dich fragst, wofür in deinem Leben du dankbar sein kannst, wenn du diese Dankbarkeit ganz tief in deinem Herzen spürst, dann kann dir das Leben auch mehr von den Dingen, Menschen und Umständen zutragen, die dich erfüllen.

Ändere also deinen Blickwinkel, falls du das Gefühl hast, es gäbe nichts oder nur wenig in deinem Leben, wofür du dankbar sein kannst. Ist es nicht schon ein unglaubliches Geschenk, dass du sehen, hören, riechen, schmecken, laufen, fühlen oder zu jeder Zeit etwas erlernen und dich selbst neu erfinden kannst? Dein Leben ist im Grunde übervoll mit Dingen, für die du dankbar sein darfst.

Öffne deine Augen und dein Bewusstsein, und beginne, die Dinge von einer anderen Warte aus zu betrachten. Jeden Tag ein Stückchen mehr, und du wirst sehen, wie sich mit DEINEM Fokus auch DEINE Realität verändert. Vielleicht merkst du dann, dass du auch für ganz andere Sachen dankbar sein kannst, sogar für vermeintlich negative Dinge, die jedoch auf den zweiten Blick ein Geschenk beinhalten, das dir hilft, dich stetig weiterzuentwickeln.

DAS HEILMITTEL BIN ICH

Wahre Heilung finde ich in meinem tiefsten Inneren.

Impuls für den Augenblick

Alle Krankheiten und Disharmonien, die dir im Laufe deines Lebens auf körperlicher oder geistiger Ebene widerfahren, sind nicht zufällig und aus heiterem Himmel entstanden. Das, was dich schmerzt, begrenzt und behindert, sind in der Regel Botschaften deiner Seele, die die Möglichkeit für dich beinhalten, daran zu wachsen. Sei dir gewiss, nichts davon geschieht, um dich zu bestrafen. Im Gegenteil, entweder werden dir ganz bestimmte Lernerfahrungen ermöglicht, oder du sollst – manchmal sanft, ein anderes Mal drängender – auf etwas in dir aufmerksam gemacht werden, was nicht mehr im Fluss ist.

Dir wird gezeigt, wo du dich von dir selbst entfernt hast, wo du dich vielleicht selbst sabotiert und missachtet hast. Die Ursachen deiner Krankheiten können vielfältiger sein, als du denkst. Alles entspricht deinem eigenen Selbst und versucht, mit dir zu kommunizieren. Lerne wieder, dir selbst zuzuhören. Mache dich kundig, wofür die einzelnen Bereiche deines Körpers stehen, und lerne, warum deren Energien ins Stocken geraten sind bzw. du krank geworden bist.

Du bist ein unglaubliches Schöpferwesen. Du erschaffst dir die entsprechenden Krankheiten oder Missstände, damit du an ihnen wachsen und Erkenntnisse erlangen kannst.

Wisse jedoch: Du hast auch immer das Heilmittel in dir, denn DU SELBST stellst die Medizin für alles dar, was in dir nicht in Balance ist. Alles, was dir im Außen Heilung verspricht, kann durchaus ein Wegbegleiter auf DEINER Heilreise sein. Wirkliche Heilung erfährst du allerdings erst, wenn dein Selbst sich bewusst wird, worin die Lernaufgabe besteht, bzw. wenn es die Heilung auch wirklich zulässt und manifestiert.

Die Magie meiner Worte

Ich achte darauf, in welcher Energie ich von mir selbst spreche.

Impuls für den Augenblick

Deine Selbstgespräche, ob in Gedanken oder laut, haben eine ganz besondere Energie, denn sie erschaffen deine Realität.

Beobachte einmal, wie du vor anderen und in deinem Inneren über dich sprichst. Redest du liebevoll, wertschätzend und verständnisvoll von dir? Ermutigst du dich selbst und bist optimistisch und voller Selbstvertrauen? Oder bleibst du ständig bescheiden, begrenzend und verurteilst dich gar selbst? So, wie du über dich sprichst, so denkst du von dir. Andere Menschen haben dir vielleicht in der Kindheit beigebracht bzw. in dir das Glaubensmuster genährt, dass man sich selbst nicht loben und in den Vordergrund stellen soll. Womöglich kennst du sogar den Ausdruck »Eigenlob stinkt«. Die Wahrheit könnte nicht weiter davon entfernt sein. Du darfst glücklich und zufrieden mit dem sein, was du bist und was du jeden Tag erreichst. Du darfst dich selbst und das, was du erreicht hast, ehren und dich dafür achten. Das Wort »Stolz« nutze ich hier bewusst nicht, weil auch dieses leider manchmal negativ behaftet ist und mit Überheblichkeit, Eitelkeit und Egoismus in Verbindung gebracht wird.

Deine Worte sind magisch, weil sie über unendlich viel Schöpferkraft verfügen. Das, was du DIR erzählst, das glaubst du auch. Daher sei achtsam in deinem Umgang mit dir selbst. Wenn du es nicht gewohnt bist, gut und liebevoll über dich zu sprechen, dann übe es. Überlege dir, wie du mit einem lieben Menschen sprechen würdest, und rede ab heute so mit DIR SELBST.

Beginne ganz langsam, lobe dich für etwas, was du getan hast. Es muss nichts sein, was du besonders gut gemacht hast. Du kannst dich auch einfach dafür loben, endlich einmal auf DICH SELBST gehört oder schwierige Zeiten mit viel Mut durchgestanden zu haben.

ENTSCHEIDUNGS-KRAFT

Ich entscheide mich klar und deutlich für das, was ich wirklich möchte.

Impuls für den Augenblick

Was hindert dich daran, ein Leben in Freude, Liebe und Erfüllung zu führen? Machst du dein Leben von äußeren Dingen abhängig, auf die du vermeintlich keinen Einfluss hast? Findest du Ausreden dafür, dass dieses oder jenes leider nicht in deinem Leben ist, weil deine Kindheit so schwer war und du noch viele Altlasten trägst? Bist du der Meinung, dass du nicht liebenswert bist, weil du nicht die erforderlichen Kenntnisse hast, um diesen oder jenen Job zu bekommen? Oder sind es ganz andere Dinge, die du dir selbst einredest?

Es sind Geschichten, die du dir immer wieder erzählst, um weiter in deiner Opferrolle zu bleiben. Damit gibst du deine Eigenverantwortung an etwas oder jemanden ab. Wenn du das ändern möchtest, überlege dir jetzt,

was du dir wirklich für dein Leben wünschst. Formuliere es in deinem Innersten, und dann entscheide dich bewusst dafür!
So einfach kann es doch aber nicht sein, denkst du dir? Doch, das kann es. Allem in deinem Leben geht eine klare Entscheidung von dir voraus. Es ist auch DEINE Entscheidung, wenn du dich klein und hilflos fühlst und dich abhängig von anderen Menschen oder Umständen machst, denn DU hast dich dagegen entschieden, deine dir innewohnende Kraft als Schöpfer deines Lebens zu spüren und zu nutzen. Was wäre, wenn deine klare Entscheidung sofort Energien in Bewegung setzen würde, die dir dabei helfen, in eine andere, eigenverantwortlichere Richtung zu gehen? Wenn DEINE klare Entscheidung dir dabei helfen könnte, genau die Dinge anzuziehen, die DU dir wirklich wünschst?
Du brauchst nicht zu wissen, wie es funktioniert. Sage dir nur: »Ich weiß zwar nicht, wie es zu mir kommt, aber ich entscheide mich hier und heute dafür, ab sofort ... (setze hier ein, wofür du dich entschieden hast).« Formuliere dabei immer positiv und in der Gegenwart!

Erfüllung im Jetzt

Ich achte darauf, mein Leben liebevoll im Hier und Jetzt zu gestalten.

Impuls für den Augenblick

Indem du dich ständig mit der Vergangenheit beschäftigst oder dir immer wieder Gedanken und Sorgen um die Zukunft machst, beraubst du dich deines aktuellen Lebens.

Dabei spielt es keine Rolle, ob du in vergangene Geschichten eintauchst, um sie innerlich zu wiederholen, oder ob du dir ausmalst, was in der Zukunft noch alles geschehen könnte. Du bist in diesen Momenten nie wirklich in deinem Herzen zentriert.

Es ist verständlich, dass dich Vergangenes noch beschäftigt, und auch, dass die Zukunft dich fasziniert. Doch werde dir bewusst, dass du genau in diesem Moment mit deiner Gegenwart deine Zukunft erschaffst. Es gibt nichts Wichtigeres, als im momentanen Augen-

blick zu sein. Komme in deine Mitte, atme dich zurück ins Jetzt, und schaue, was gerade deine Aufmerksamkeit benötigt. Was kannst du genau jetzt für dich selbst tun? Dein Körper und deine Seele brauchen deine Aufmerksamkeit, weil sie sich aus diesem Moment heraus weiterentwickeln werden. Hier findet die Veränderung ihren Anfang.
Wenn dir das schwerfällt, nimm dir ein Beispiel an Kindern. Sie sind unsere Lehrmeister, was die Präsenz im Hier und Jetzt angeht. Sie gehen völlig in dem auf, was sie gerade tun, ohne sich darüber Gedanken zu machen, was vor einer Woche war oder was sie vielleicht morgen tun möchten. Das verändert sich erst mit dem Schuleintritt (weil sie sich dann z. B. Sorgen machen, wie sie bei der Prüfung in ein paar Tagen abschneiden werden).

Das JETZT wird für dich immer alles bereithalten, was DU gerade wirklich brauchst. Erlaube deiner Seele, dich zu führen, dir die Türen zu zeigen, hinter denen gerade Geschenke für dich warten, die dich weiterbringen und glücklich machen.

Fehler sind okay

Ich verabschiede mich von meinem Perfektionismus und gestehe mir Fehler zu.

Impuls für den Augenblick

Wie gehst du deine täglichen Aufgaben, dein Leben im Allgemeinen an? Versuchst du, so gut es geht das zu vermeiden, was als »Fehler« angesehen wird? Du möchtest bestimmt keinen schlechten Eindruck machen, nicht wahr? Bloß nicht durch einen Fehler auffallen? Denn dann schauen alle sofort darauf, weil du sozusagen aus dem Rahmen gefallen bist. Nein, du möchtest keine Aufmerksamkeit auf dich ziehen, das Scheinwerferlicht auf dich tunlichst vermeiden.

Nimm einen tiefen Atemzug. Du darfst dich entspannen, wirklich! Sei dir gewiss, es gibt niemanden auf diesem Planeten, dem immer alles auf Anhieb gelingt, bei dem alles von Anfang an einwandfrei klappt. Du lernst, und das an jedem einzelnen Tag. Du entwickelst dich weiter und machst wertvolle Erfahrungen. Dabei ist es unumgänglich, dass du Dinge ausprobierst. Manchmal funktionieren sie wie gedacht und ein anderes Mal eben nicht. Bewerte dies nicht – denn nur so kann Entwicklung stattfinden. Wenn du dich nicht ausprobierst, kannst du auch nicht weiterkommen. Verurteile dich nicht, wenn etwas nicht gleich so funktioniert, wie du gehofft hattest. In den allermeisten Fällen bemerken dies die anderen noch nicht einmal, nur du machst dir viel zu viele Gedanken.

Atme, und lasse los. Und begrenze dich nicht weiter, traue dir ALLES zu. Durch Begrenzung erschaffst du Stillstand, und das ist nicht das, wofür du hier bist. Erlaube dir ruhig, dass etwas einmal so richtig unperfekt ist – es ist egal, worum es sich handelt. Du wirst möglicherweise entdecken, dass das Unperfekte viel mehr Charme besitzt als das Perfekte.

GEBORGENHEIT

Ich schenke mir selbst Geborgenheit und fühle mich behütet und geliebt.

Impuls für den Augenblick

Hast du in deiner Kindheit ausreichend Geborgenheit erfahren? Fühltest du dich durch deine Eltern, Großeltern oder andere Familienmitglieder genügend geliebt? Oder gab es immer wieder Schwierigkeiten, und du empfandest dich als nicht angenommen oder gar zurückgestoßen? Vielleicht traten während deiner Geburt Komplikationen auf, die schon früh die Bindung zu deiner Mutter unterbrachen? Oder deine Eltern sind zu früh von dir gegangen?

Bindungsprobleme in der Kindheit ziehen sich oft durch das ganze Leben. Die gute Nachricht ist, all das geschah nicht, um dich zu bestrafen oder dich vom Fluss der Liebe zu trennen. Sollte es dir an Liebe und Geborgenheit von deinen Eltern gefehlt haben, dann wisse,

dass sie ihr Bestes getan haben. Es war ihnen aber aus unterschiedlichen Gründen einfach nicht möglich, dir all das zu geben, was du damals brauchtest. Eines Tages kommt jemand, der die ganze Ahnenreihe heilen kann. Es könnte durchaus sein, dass du die- oder derjenige bist. Du musst dazu nichts Kompliziertes tun. Es reicht deine Bereitschaft, jetzt den Kreis der versiegten Liebe zu durchbrechen. Vergib deinen Eltern oder denjenigen, die sich damals um dich kümmerten, und entscheide dich dafür, DICH SELBST mit so viel Liebe zu versorgen, wie du brauchst.
Was gibt dir ein vollkommenes Gefühl von Geborgenheit? Was ist purer Balsam für dein Herz? Warte nicht länger darauf, dass jemand anderes dir all das schenkt – beschenke dich jetzt SELBST!
Die Liebe ist bereits in dir und wartet nur darauf, dass du dich wieder an sie erinnerst und sie in dir fließen lässt. Gönne dir all das, was du brauchst, schenke DIR die süßeste Liebe, die du dir nur vorstellen kannst. Du wirst merken, wie du plötzlich innerlich zur Ruhe kommst und dich richtig entspannst. Du bist nicht mehr davon abhängig, dass sich andere um dein Wohlergehen kümmern, sondern sorgst fortan für dich selbst.

Humor ist Leichtigkeit

Ich nehme mich selbst mit Humor und begegne dem Leben mit Leichtigkeit.

Impuls für den Augenblick

Halte in herausfordernden Zeiten regelmäßig inne, und passe auf, dass du nicht zu sehr von äußerem Druck und Schwere vereinnahmt wirst. Die Leichtigkeit, nach der du dich sehnst, ist IN DIR. Atme erst einmal ruhig ein und aus, und entspanne dich.

Achte darauf, dass du dich und die Herausforderungen des Lebens nicht zu ernst nimmst. Das bedeutet nicht, dass du sie ablehnen sollst. Werde dir lediglich bewusst, dass alles, was du hier auf Erden erlebst und wahrnimmst, ein Spiel deiner Seele ist. In deiner tiefsten Essenz bleibst du immer unversehrt. Eines Tages wirst du alles mit anderen Augen sehen und erkennen, wofür das Ganze gut war. Solange nimm gewisse Dinge mit Humor, denn wenn du deinen Blickwinkel etwas erweiterst, wirst du bemerken, dass eine Situation plötzlich völlig anders auf dich wirken kann. Eine Weltuntergangsstimmung dient dir nie wirklich, sondern zieht dich nur immer weiter hinunter. Versuche, in die Rolle des Beobachters zu wechseln, erlaube dir, über manche Dinge zu schmunzeln, und überlege dir, wofür sie vielleicht gut sein könnten. In jeder Herausforderung steckt auch ein Geschenk.

Das größte Geschenk machst du dir, wenn du die Schwere aus deinem Leben verabschiedest. Lege sie bewusst ab, und lade stattdessen humorvolle Momente in dein Leben ein. Wenn du Menschen kennst, die das schon sehr gut beherrschen, triff dich öfter mit ihnen und tausche dich mit ihnen aus. Ihre positive Energie wird auf dich überspringen und dir eine Hilfe sein, DIR SELBST und DEINEM Leben mit mehr Heiterkeit zu begegnen.

Sei es dir wert, bringe JETZT Leichtigkeit in dein Leben!

Ich bin Licht

Ich lasse mein innerstes Licht wie eine Sonne erstrahlen, damit es auch mein Umfeld erhellt.

Impuls für den Augenblick

Tief in deinem Inneren, in deinem Herzen befindet sich das Licht deines Lebens, das Strahlen deiner Seele, der Funken aus der Quelle allen Seins, der dich erst lebendig macht. Dieses Leuchten, deine Essenz aus purer Liebe, erlischt niemals. Du kannst es zwar mit allen möglichen dunklen Gedanken und Mustern überdecken und versuchen, es zu ignorieren, doch du kannst es nicht auslöschen. Selbst wenn du deinen physischen Körper zurücklässt, wird dieses Licht weiterhin existieren und zurück in seine Heimat reisen.

Im Grunde bist du hier, damit sich diese strahlende Sonne in dir entfalten und zu ihrer maximalen Größe und Macht heranwachsen kann. Dabei soll sie nicht nur dich vollkommen erhellen, sondern auch dein ge-

samtes Umfeld. Alles, was mit dir in Berührung kommt, wird von ihr erfasst und an sein eigenes Licht erinnert. Ein Licht entzündet das nächste. Indem du deines zum Leuchten und Strahlen bringst, schenkst du auch anderen Menschen die Möglichkeit, sich zu entfalten und in ihrer Tiefe kennenzulernen. Und diese anderen Lichter werden sich ebenfalls verbreiten und weitere entfachen.
Spüre dieses Licht in dir wie eine Sonne, die immer größer wird, je mehr du DICH SELBST mit Wertschätzung und Liebe versorgst. Bemerke, wie sich deine Realität verändert. Dein Leben wird auf einmal leichter, und du wirst Menschen, Situationen und Begebenheiten anziehen, von denen du vorher noch nicht einmal zu träumen gewagt hast.
Dein inneres Licht ist pure Energie, die wie ein Magnet das anzieht, was ihm entspricht, nämlich alles, was DIR Freude, Erfüllung, Glück und noch mehr Liebe bringt. Lasse deine innere Sonne erstrahlen – sie wartet nur darauf, sich auszudehnen!

Ich feiere mich selbst

Ich zelebriere meine großen und besonders auch meine kleinen Erfolge.

Impuls für den Augenblick

Dich selbst zu lieben, bedeutet ebenfalls, zu lernen, deine großen und kleinen Erfolge wertzuschätzen und sie zu feiern.

Kleine Erfolge können erste Schritte in eine neue Richtung sein, in die du dich bisher vielleicht nicht gewagt hast. Und doch gehst du nun mutig einen neuen Weg oder stellst dich den Herausforderungen, vor denen du dich bislang versteckt hast. Gerade die ersten kleinen Schritte sind die allerwichtigsten. Du überwindest dich und gehst einfach los, ohne zu wissen, wohin dich der Weg führt. Doch du spürst, dass es jetzt an der Zeit für dich ist. Und du wirst belohnt werden, denn mit jedem deiner Schritte wird sich der Weg vor dir klarer zeigen –

du erschaffst neue Pfade, die vorher nicht sichtbar waren.
Nimm einen tiefen Atemzug, und gratuliere dir selbst. Du hast es wahrhaftig verdient, alles, was du tust, wertzuschätzen! Nur du selbst weißt, wie schwer es manchmal für dich war. Wie oft hast du dich selbst wieder aufgerichtet? Unzählige Male bist du nach dem Hinfallen aufgestanden, hast deine Krone gerichtet und bist mit Tränen in den Augen weitergegangen. Feiere DICH dafür, dass DU NIEMALS aufgegeben hast!
Schreibe deine Erfolge, diese wahren »Mutausbrüche«, ruhig auf. Du kannst sie in einem Büchlein oder auf kleine Zettel notieren, die du z. B. in einem Glas sammelst. Hauptsache, du hältst deine persönlichen Erfolge und Meilensteine fest, damit du auch mit etwas Abstand noch erkennst, welche Fortschritte du gemacht hast. Dann kannst du dir, wenn du das Bedürfnis danach hast, wieder in Erinnerung rufen, was du schon alles erreicht hast und welche Wege dich dorthin geführt haben.

Ich fühle mit mir

Ich habe liebevolles Verständnis für all meine Gefühle, Gedanken und Taten.

Impuls für den Augenblick

Was fühlst du? Gibt es eine bestimmte Emotion, der du heute besonderen Raum geben möchtest? Was bewegt dich gerade? Sind es liebevolle oder enthusiastische Gefühle? Lasse sie aus dir heraussprudeln, und teile sie mit deinen Liebsten. Du wirst sehen, die positiven Gefühle werden sich potenzieren, mit deiner Freude und deinen Ideen wirst du die anderen anstecken. Frohsinn und Spaß zu teilen, gehört zu den schönsten Dingen, die es gibt, und vielleicht entsteht sogar etwas Neues aus dem gemeinsamen Vergnügen.

Du fühlst dich gerade nicht so gut? Dann habe bitte kein schlechtes Gewissen, und fühle dich auch nicht schuldig. Auch negative Gefühle gehören zum Leben. Hast du Sorgen und Ängste, oder spürst du Resignation?

Nimm dir etwas Zeit für dich selbst, und halte einmal deine Hand auf dein Herz. Spüre einfach in dich hinein, und erlaube dir, alle Gefühle in deinem Herzen zuzulassen. Sei wie eine gute Freundin für dich selbst da. All das, was du dir von anderen erhoffst, kannst du dir auch selbst geben. All das Verständnis, die Zuwendung und die Liebe – schenke sie DIR heute SELBST! Habe Mitgefühl mit dir, sei verständnisvoll, wenn du glaubst, eine Aufgabe noch nicht so gemeistert zu haben, wie du es vielleicht von dir erwartet hast. Alles braucht seine Zeit. Sei dir gewiss, du entwickelst dich jeden Tag weiter und wirst auch das, was dich in diesem Augenblick belastet, eines Tages wieder loslassen können. Es ist alles gut, so, wie es gerade ist.

Und wenn du glaubst, alleine nicht mit deinen Problemen weiterzukommen, erlaube dir, dich vertrauensvoll an Menschen zu wenden, die dir entweder nahestehen oder die sich darauf spezialisiert haben, in solchen Situationen zu helfen.

Und beachte: Du musst nicht die Last der ganzen Welt auf deinen Schultern tragen. Kümmere dich nur um das, was dich ganz persönlich betrifft. Wenn du DIR SELBST hilfst, hilfst DU der ganzen Menschheit.

Ich erlaube es mir

Ich gebe mir die volle Erlaubnis, meinen tiefsten Herzenswünschen zu folgen.

Impuls für den Augenblick

In deiner Kindheit hast du gelernt, dass du für alles und jedes eine Erlaubnis von anderen brauchtest – ob nun von deinen Eltern, Lehrerinnen oder anderen Erziehungsberechtigten.

Selbst im Erwachsenenalter hältst du oftmals an diesem Verhaltensmuster fest. Du brauchst dann plötzlich die Ermächtigung deines Partners, deiner Arbeitgeberin oder von wem auch immer. Dabei vergisst du, dass du ein eigenständiges, selbstbestimmtes Wesen bist. Du brauchst für etwas, was du umsetzen oder erschaffen möchtest, nur die Erlaubnis einer einzigen Person – DIE VON DIR!

Egal, welchen Lebensbereich es betrifft, beginne, dir selbst zu erlauben, glücklich, zufrieden und erfüllt zu sein. Wenn du dir mehr Freizeit gönnen möchtest, erlaube es dir! Es mag sein, dass dann jemand aus deiner Familie etwas zurückstecken muss, aber es wird Lösungen geben, die allen gerecht werden. Du möchtest beruflich eigentlich etwas ganz anderes machen? Was hindert dich daran? Ja, es finden sich immer Gründe, warum etwas nicht funktionieren könnte. Und doch, was wäre, wenn du dir selbst die Erlaubnis geben würdest, endlich deine inneren Antennen auf das auszurichten, was dir wirklich entspricht? Das bedeutet ja nicht, dass sich sofort alles verändert. Es heißt nur, dass du dich umsiehst, in welche Richtung es beruflich für dich gehen könnte. Eventuell gibt es eine Zusatzausbildung, die du in Angriff nehmen könntest. Oder du erschaffst etwas ganz Neues. Traue dich, den ersten Schritt zu machen, egal, worum es sich handelt.

Strecke deine Fühler aus, und erlaube DIR, DEINEN Träumen und Wünschen immer näher zu kommen. Unmögliches gibt es nicht!

Ich nehme mir den Druck

Ich achte auf meine Bedürfnisse und erlaube mir, mein Leben entspannter anzugehen.

Impuls für den Augenblick

Was dir dein Leben besonders erschwert und für Disharmonie in Körper, Geist und Seele verantwortlich ist, ist Stress. Er ist für viele Menschen schon so normal geworden, dass sie kaum mehr wissen, wie sich ein Leben ohne ihn anfühlt. Stress entsteht dadurch, dass du dich von äußeren Begebenheiten, Menschen und Situationen unter Druck setzen lässt und/oder selbst einen inneren Druck aufbaust, weil du einem Job, einem anderen Menschen oder dir selbst gerecht werden willst. Zugrunde liegt immer ein Mangelgedanke wie beispielsweise: »Ich könnte meine Arbeit verlieren«, »Meine Chefin, meine Kollegen, mein Mann, meine Kinder, meine Freunde etc. könnten schlecht von mir denken oder enttäuscht sein«, »Wenn ich dieses oder jenes nicht schaffe, bin ich nichts wert oder mir wird Liebe entzogen.« Oder du hast enorm hohe Ansprüche an dich selbst. Diese Gedanken nehmen dir praktisch die Luft zum Atmen und zum Leben. Alles in dir wird starr, du wirst verbissen und machst eher Fehler, weil du einfach nicht mehr im Flow bist.

Halte hier und jetzt inne. Atme tief ein und aus, und frage dich, wo du dich selbst viel zu sehr unter Druck setzt. Sei ganz ehrlich zu dir, und habe kein schlechtes Gewissen. Vielleicht kannst du die ein oder andere Aufgabe an andere übergeben, oder etwas hat im Grunde noch Zeit und muss nicht sofort erledigt werden. Höchste Priorität darf es haben, dass es DIR gut geht, alles andere kommt danach. Es ist wie bei einem Notfall im Flugzeug, zuerst soll man sich selbst die Sauerstoffmaske aufsetzen und erst danach anderen Personen helfen. Dieses Prinzip kannst du auf alles in deinem Leben übertragen. Wenn du zuerst an dich denkst, ist das KEIN Egoismus, sondern eine gesunde Selbstfürsorge.

Die Welt bricht nicht zusammen, wenn du dir den Druck nimmst und Aufgaben gelassener angehst oder sie so umgestaltest, dass sie dich nicht mehr stressen. Im Gegenteil: Dein entspanntes Sein wird sich auf dein Umfeld ausweiten und mehr Lebensqualität für alle erschaffen.

Ich schaffe es

Ich spreche mir selbst Mut zu und glaube an mich und meine Fähigkeiten.

Impuls für den Augenblick

Um etwas in deinem Leben zu erreichen und vorwärtszukommen, ist es unabdingbar, dass du an dich selbst glaubst.

Selbstzweifel sind die wahren Stolpersteine deines Lebens. Sie rauben dir deine Energie und begrenzen dein Bewusstsein und deine Entwicklung wie in einem Gefängnis. Es ist, als ob du dich selbst an eine kurze Kette gelegt hättest, die dich bremst, sobald du dich entwickeln möchtest.

Es ist jetzt an dir, diese Kette zu lösen, deine selbst gesetzten Grenzen zu überwinden und dir mehr zuzutrauen als bisher. Es ist deine ganz eigene Entscheidung, die dir niemand abnehmen kann. Andere Menschen können dich noch so sehr unterstützen, wenn du aber nicht an dich selbst glaubst, wirst du immer wieder in alte Muster verfallen. Erlaube dir also, endlich mutig zu sein. Befreie dich aus alten Begrenzungen und von dem, was dich bislang zurückgehalten hat. Alles, was du brauchst, ist bereits in dir angelegt. Und solltest du Fähigkeiten benötigen, die du bisher noch nicht entwickelt hast, dann sei dir sicher, dass du sie erwerben und dir aneignen kannst. Du wirst jeden Tag dazulernen und darfst dir auch Unterstützung holen. Doch glaube immer daran, dass DU es schaffen wirst, und sprich liebevoll und aufbauend zu dir. Gib DIR SELBST einen kleinen, sanften Schubs, und traue dich heraus aus deiner Komfortzone.

Die Geschenke des Lebens warten auf dich, doch du kannst sie nur empfangen, wenn DU selbstständig voranschreitest.

KLANGWELTEN

Musik und andere Klangwelten schenken mir wertvolle Energie und Kraft.

Impuls für den Augenblick

Bist du ein Mensch, der Musik und Klänge liebt? Oder hast du dich bisher noch nicht näher damit beschäftigt?

Dein ganzes Wesen schwingt in einer einzigartigen Frequenz. Manchmal ist diese höher schwingend, dann fühlst du dich wohl, bist energiegeladen und voller Tatendrang, hast übersprudelnde Ideen und Lust dazu, diese auch in die Tat umzusetzen. Ein anderes Mal, wenn du das Gefühl hast, dich in einem tiefen Tal zu befinden, völlig lustlos und sogar lethargisch den Tag angehst, schwingst du auf einer niedrigeren Frequenz. Musik und Klangwelten im Allgemeinen bestehen aus Frequenzen, die dir dabei helfen können, deine Schwingung wieder anzuheben und dich aus einem Tief he-

rauszuholen. Dazu muss die Musik oder der Klang harmonisch und wohltuend für dich klingen.
Diese Karte möchte dich daran erinnern, dich wieder öfter mit deiner Lieblingsmusik zu umgeben und häufiger in deine bevorzugten Klangwelten einzutauchen. Wenn du nach einer Anregung suchst, kannst du auch auf YouTube zum Beispiel nach »Healing Sounds«, »Relaxing Music« oder »Frequence Music« suchen. Dort findest du viele wohlklingende und meditative Kompositionen. Nimm dir Zeit, ein wenig zu stöbern. Du wirst merken, mit welcher Musik du dich gut fühlst und welche Klänge dich innerlich aufrichten. Tue auch dies in Liebe zu DIR SELBST, du wirst spüren, was DU in deiner aktuellen Stimmungslage brauchst. Durch Musik kommst du deinem wahren Wesen wieder näher, fühlst dich mit deinem wahren Selbst verbunden und kannst besser durchatmen.
Auf S. 95 findest du ein paar meiner ganz persönlichen musikalischen Empfehlungen. Vielleicht ist ja auch etwas für dich dabei?

KOSTBARE ENERGIE

Ich wähle weise, worin ich meine kostbare Energie und Zeit investiere.

Impuls für den Augenblick

Meist ist es dir nicht bewusst, aber deine Energie und deine Zeit gehören zu den kostbarsten Dingen, die du in dieses Leben mitgebracht hast.

Die Aufmerksamkeit, die du etwas oder jemandem schenkst, wird von dir mit deiner Energie gespeist. Die Dinge, auf die du deinen Fokus legst, bekommen dadurch Kraft und werden größer. Daher sei jeden Tag achtsam, worin du deine Zeit investierst. Sind es Dinge, die dir wichtig sind, wie deine Berufung oder ein Job, den du von Herzen gern machst? Bist du kreativ und erschaffst etwas, woran auch andere Menschen Freude haben? Das brauchen keine weltbewegenden Dinge zu sein. Schon eine Mahlzeit, die mit Liebe zubereitet wurde, erfüllt dich und deine Liebsten mit wohltuenden Energien. Die Kraft und die Zeit, die du für Menschen aufbringst, ist wahrlich ein Geschenk, und du hast jeden Tag von Neuem die Wahl, wem du es machen möchtest.

Es ist ebenso deine Entscheidung, ob du dich mit glücklich machenden Themen beschäftigst und deine und unser aller Welt damit bereicherst oder ob du dich immer wieder in Probleme vertiefst und auch diesen mit deiner Energie zu Wachstum verhilfst.

Zu schnell geschieht es, dass du dich unbewusst in Themen hineinziehen lässt, die dich im Grunde nicht persönlich tangieren. Es ist nicht deine Aufgabe, dich über Dinge am anderen Ende der Welt zu empören und deine gesamte Energie in diese Emotionen fließen zu lassen. Du gibst den negativen Umständen damit nur mehr Kraft, was nicht hilfreich ist, um sie zu erlösen. Wechsle in solchen Momenten in die Rolle eines Beobachters, so kannst du mit Abstand betrachten, was auf der Weltbühne geschieht. Du kannst in erster Linie nur DEIN EIGENES Leben verändern, und das tust du, indem du das, was du im Außen sehen möchtest, bereits bei und in DIR SELBST in die Realität umsetzt.

Mein Energieraum

Ich erschaffe mir einen ureigenen energetischen Raum, der mich mit allem versorgt, was ich brauche.

Impuls für den Augenblick

Wer oder was in deinem Leben eine Rolle spielen darf, ist ganz allein deine Entscheidung. Es ist von größter Wichtigkeit, dass du dir deinen ureigenen energetischen Raum erschaffst, der nur dir entspricht und einen Kraftort für dich darstellt.

Fühlst du dich dort, wo du lebst, vollkommen wohl und geborgen? Falls nicht, frage dich, was du verändern kannst, damit es angenehmer für dich wird. Was ist mit den Menschen, die tagtäglich deinen persönlichen Raum betreten? Tun dir ihre Nähe und ihre Gesellschaft gut? Hören sie dir zu, nehmen sie dich ernst, bringen sie dich zum Lachen, und ist die Gemeinschaft mit ihnen erhebend? Es ist im Grunde ganz einfach: Wenn sie dir keine Wertschätzung, Achtsamkeit, Herzenswärme oder wahre Freundschaft entgegenbringen, haben diese Menschen nichts in deinem energetischen Umfeld verloren. Freunde oder Bekannte und ja, manchmal auch Familie, die dir deine Energie entziehen, um sich selbst besser zu fühlen, brauchst du nicht in deinem Leben zu dulden. Du darfst es dir wert sein, dir in deiner Nähe eine Gemeinschaft von Menschen aufzubauen, die von Herzlichkeit und Wärme durchdrungen ist. Menschen, bei denen du dich geborgen und aufgefangen fühlst, die dich in deiner Entwicklung unterstützen.

Achte darauf, dass du deinen Energieraum um dich herum so gestaltest, dass er immer von Liebe, Wertschätzung und Respekt erfüllt ist. Dazu musst du DIR im ersten Schritt selbst Liebe, Wertschätzung und Respekt entgegenbringen. Danach wird sich alles im Außen wandeln, denn DU lässt nicht mehr zu, dass jemand dich kleinmacht, dich mit Missachtung straft, dich nicht freundlich behandelt oder dir Liebe vorenthält. Weder jemand anderes noch DU SELBST!

Mein Gefühlsraum

Ich gebe all meinen Gefühlen Raum und lasse wirklich alles zu.

Impuls für den Augenblick

Diese Karte beinhaltet die Einladung an dich, dich intensiv mit deiner Gefühlswelt auseinanderzusetzen. Überprüfe einmal, welche Emotionen du auslebst und welche du vielleicht unterdrückst. Du kennst das bestimmt: Manche Gefühle schiebst du immer wieder weg, weil du denkst, dass sie dich überwältigen könnten, weil du glaubst, andere schonen zu müssen, oder vielleicht auch, weil du nicht weißt, WIE du sie wirklich zulassen kannst. Doch Gefühle sind nichts anderes als deine ganz eigenen Lebensenergien. Können diese nicht frei fließen, verursachen sie einen Stau in dir. Wie das Wasser eines Flusses (übrigens eine wundervolle Metapher für deine Gefühle) nicht einfach verschwindet, wenn es angestaut wird, sondern sich einen an-

deren Weg sucht, der manchmal zu Überschwemmungen führt, äußern sich blockierte Emotionen in Disharmonien, Krankheiten oder auch Streit.
Deine Energien und deine Gefühle sollen jedoch frei fließen. Sie sind dazu da, dass du sie wahrnimmst und liebevoll annimmst. Erschaffe dir einen ganz eigenen Gefühlsraum, einen Ort, an dem du dich geborgen fühlst. Dann erlaube dir, in dich hineinzuspüren. Wenn du belastenden Gefühlen Raum gibst, können sie deinen Körper in Form von Tränen verlassen. Zusammen mit den Tränen (Wasser = Gefühle) transportiert dein Körper Energien nach außen ab, was dir Erleichterung verschafft. Daher lasse zu, was fließen möchte. Egal, worum es sich handelt, ob um Traurigkeit, Verzweiflung, Wut oder auch Begeisterung, Liebe oder andere positive Gefühle – lebe ALLE Gefühle in ihrer ganzen Bandbreite. Traue dich, und achte darauf, dies in einer Form zu tun, die sich nicht GEGEN dich oder andere richtet, sondern immer wertvoll FÜR dein Seelenheil und deine Mitmenschen ist. Du bist verantwortlich dafür, dass deine Gefühlswelt sich ausdrücken darf, ohne andere zu verletzen.

Mein Inneres Kind

Ich nehme mein Inneres Kind wahr und achte auf seine Bedürfnisse.

Impuls für den Augenblick

Auch als Erwachsener hast du Anteile in dir, die dich seit deiner Kindheit begleiten. Sie werden »Inneres Kind« genannt.

Du kommst als reines, unschuldiges Wesen in diese Welt und wirst durch all das, was du während der Geburt und in den ersten Lebensjahren siehst, spürst und erlebst, intensiv geprägt. All diese Prägungen beeinflussen dein späteres Leben, deine Beziehungen und deinen Alltag. Richte deinen Fokus einmal nach innen, und erspüre, welche Bedürfnisse dein Inneres Kind gerade hat. Erhieltst du in deiner Kindheit zu wenig Liebe oder Aufmerksamkeit? Wurde dein Spieltrieb oder Abenteuerdrang gebremst oder musstest du ständig leise sein und dich immer wieder anpassen, um zu

überleben? Die Themen rund um dein Inneres Kind sind vielfältig. Wenn du dich heute in deinem Alltagsleben beobachtest, schaue genauer hin, und frage dich, was dich dazu veranlasst, vielleicht besonders misstrauisch, unverhältnismäßig zurückhaltend oder unsicher zu sein. Vergleiche dein Verhalten mit demjenigen in deiner Kindheit, vielleicht findest du dort Entsprechungen, die sich bis heute in deinem Leben zeigen.
Das Gute ist: DU bist kein Kind mehr, du bist ein erwachsener Mensch. Und du kannst dem Inneren Kind, das noch in dir wohnt, heute auf der energetischen Ebene all das geben, was es wirklich braucht.
Nimm dir eine Auszeit, und höre auf das, was dein Inneres Kind von dir möchte. Vielleicht braucht es nur deine Aufmerksamkeit und wünscht sich, dass du ihm zuhörst und es beachtest. Vielleicht möchte es mit dir spielen, oder es braucht eine liebevolle Umarmung. Sei ganz sanft und voller Verständnis im Umgang mit ihm. Wenn du glaubst, dass es intensivere Herausforderungen mit deinem Inneren Kind gibt, dann scheue dich nicht, einen Experten für die Innere-Kind-Thematik zurate zu ziehen.

Mein Körper

Wie ein bester Freund begleitet mich mein wunderbarer Körper liebevoll durch mein Leben.

Impuls für den Augenblick

Deine Seele hat dir für deine ganz persönliche Reise durch dieses Leben eine genau auf dich abgestimmte physische Gestalt erschaffen. Sie ist für alle Aufgaben, die dieses Leben für dich bereithält, perfekt vorbereitet. Es ist kein Zufall, dass du in genau diesem Körper steckst. Er hat sogar ein eigenes Bewusstsein, alle seine Zellen tauschen sich untereinander aus und stellen sich jeweils auf deine aktuellen Bedürfnisse ein. Darüber hinaus kommuniziert er ständig und auf unterschiedlichste Weise mit dir.

Es ist auch kein Zufall, ob du in einem weiblichen oder männlichen Körper zur Welt gekommen bist. Das mag in der aktuellen Zeit, in der immer mehr Menschen spüren, im »falschen« Körper geboren worden zu sein, herausfordernd klingen, doch einen »falschen« Körper gibt es so nicht. Unsere Seele ist pure Energie ohne eine Zuordnung zu Weiblich oder Männlich. Sie IST alle Energie, die sie sein kann. Manchmal sucht sie sich Inkarnationen in einem weiblichen Körper, ein anderes Mal in einem männlichen Körper aus. In den jeweiligen Leben ist es auch möglich, die weiblichen und die männlichen Energien entweder im Einklang miteinander oder mit einem Schwerpunkt zu leben. Alles ist gut und richtig. Der physische Körper benötigt keine Korrektur von menschlicher Hand, denn die Wahl deines Geschlechts hast du bereits vor deiner Geburt getroffen. Und dies hat auch seinen ureigenen Sinn. Versöhne dich mit deinem Körper, denn er ist dir ein treues Gefährt in diesem Leben. Er möchte gemeinsam mit dir Liebe erfahren und diese auch ausleben – dabei ist es vollkommen egal, mit wem du diese Erfahrung machen möchtest.

Schenke den Botschaften deines Körpers mehr Aufmerksamkeit, achte darauf, was er wirklich braucht, auch und vor allem dann, wenn er dir Krankheiten beschert. Ehre und achte ihn – und somit dich selbst – in jeglicher Form. Und sei dir gewiss: DU bist genau so gewollt, wie DU geboren wurdest.

Mein wildes Herz

Ich stehe zu meiner wilden und unangepassten Seite und überlasse ihr ab und an die Führung.

Impuls für den Augenblick

Dein wundervolles Herz hat nicht nur eine sanfte und weiche Seite, sondern auch eine wilde und unangepasste. Wusstest du das? IN DIR schlummert in der Tat auch ein Abenteuerherz! Es hat die Energie eines Kindes, das sich nicht begrenzen lassen möchte.

Vermutlich wurde diese Seite von dir – wie bei so vielen von uns – schon früh eingeschränkt und davon abgehalten, sich frei zu entfalten. Die Zeit der Kindheit ist nun aber vorbei! Du bist erwachsen und darfst selbst darüber entscheiden, ob du dein wildes Herz weiterhin wegschließen oder doch lieber freilassen möchtest. Wilde Herzen sind immer liebende Herzen. Und sie sind, im positivsten Sinn, ein bisschen verrückt. Sie leben ihre Impulse aus, sie sprudeln über und probieren sich einfach aus. Sie brennen für etwas, und zwar so richtig, und mit ihrer Begeisterung stecken sie andere Menschen an.

Wo brodelt es unter deiner Oberfläche? Wo juckt es dich in den Fingern, im Grunde ganz anders zu agieren als bisher gewohnt?

Beachte: Dein wildes Herz und deine unangepasste Seite brauchen – wie alle Aspekte – DEINE innere Erlaubnis, endlich hervorzutreten. DU musst das Tor öffnen und diesen Anteil von dir herauslassen. Habe keine Angst. Handle jederzeit aus Liebe, dann wirst du bemerken, dass dein wildes Herz niemandem schaden oder wehtun wird – weder dir selbst noch einer anderen Person. Es wird dein Leben vielleicht ein bisschen durcheinanderwirbeln ... und wenn alles gut geht, auch das deiner Mitmenschen.

Wilde Herzen wie deines werden unsere neue Welt erschaffen, sie werden das tun, was längst fällig ist – aus der Starre und den selbst auferlegten Grenzen hinaustreten und das wahre Licht der Menschheit erstrahlen lassen!

Meine Lebenskraft

Ich öffne mich für die unbändigen Energien meines wahren Selbst.

Impuls für den Augenblick

Als ein Kind des Universums, ein Wesen der Quelle allen Seins bist du zu jeder Zeit durch dein wahres Selbst, deine Seele, auch mit dessen kraftvollen Energien verbunden. Im täglichen Leben mit all seinen Herausforderungen, wenn du dich erschöpft, gestresst und manches Mal sogar überfordert fühlst, mag es dir nicht so vorkommen. An allen Ecken und Enden scheint etwas an dir zu zerren, jeder möchte etwas von dir, und die Aufgaben nehmen kein Ende. Dann liegt es an dir, einen Schritt zurückzutreten, Stopp zu sagen und dich um dich selbst zu kümmern. Nichts ist wichtiger, als dass du in deiner Kraft bleibst bzw. wieder dorthin zurückkehrst.

Der erste Schritt dahin ist deine innere Entscheidung, dich nun wieder den kraftvollen Energien deines wahren Selbst zu öffnen. Lade deine Lebenskraft, die dir jederzeit zur Verfügung steht, zu dir ein! Bekräftige innerlich, dass du diese nun empfangen möchtest, und achte auf die Impulse, die dir zeigen, wie du das gerade am besten bewerkstelligen kannst.
Mit einer bewussten Atmung zum Beispiel erreichst du, dass du DICH SELBST intensiver spürst. Du kommst wieder in deine Mitte und gönnst dir schon einmal ein gewisses Maß an Ruhe. Vielleicht möchtest du dich auch in die Natur begeben. Mutter Natur hilft dir mit ihrer unbändigen Kraft, dich zu erden, und spiegelt dir deine innere Stärke wider. Suche deine Lieblingsplätze auf, und bitte darum, dass die Kraft deiner Seele, deines wahren Selbst, jetzt wieder ungehindert in dich strömt und dich erfüllt.
Wenn dich etwas ganz anderes in DEINE ureigene Kraft bringt, z. B. Sport, Tanzen, Singen, Malen, Spielen mit deinen Tieren, dann tue genau dies. Du wirst spüren, was dich mit Lebenskraft erfüllt – es liegt an dir, dem auch nachzugehen.

MEINE LEINWAND

Ich male jeden Tag etwas Neues auf die persönliche Leinwand meines Lebens.

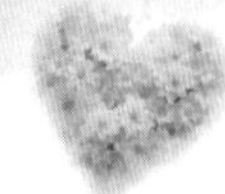

Impuls für den Augenblick

Jeder einzelne Tag in deinem Leben ist ein Neuanfang. Im Grunde startest du ihn mit einer neuen und leeren Leinwand, die du ganz nach deinen Wünschen gestalten kannst. Du denkst vielleicht, dem ist nicht so, weil du ja schon ein bestehendes Leben hast, viele Altlasten mit dir herumträgst und auf dem Bild, das dein Leben zeigt, kaum noch Platz ist. Manches darauf kannst du gar nicht mehr erkennen, weil du es immer wieder durchgestrichen und übermalt hast.

Selbst wenn dein Bild ganz ansehnlich ist, vielleicht ist es inzwischen einfach langweilig, immer auf dieselbe Leinwand zu blicken, auf der sich nie etwas verändert. Nun – dein Leben ist nicht in Stein gemeißelt, weißt du? Wenn du dich danach fühlst, dann ist heute der

Tag, an dem du einfach einen imaginären Schwamm nimmst und all das Alte, das dir nicht mehr entspricht, wegwischst. Nimm ausreichend Wasser dafür, und lasse die alten Geschichten und Themen von deiner Leinwand verschwinden. Nun kannst du die leere, frische Leinwand wieder sehen.

Und jetzt nimm Farben und Pinsel (oder gern auch deine Hände), und male drauflos!

Natürlich spreche ich hier in einer Metapher, das Wasser steht für deine enthusiastischen Gefühle, die Farben stehen für deine Visionen und deine Ideen, die schon viel zu lange in dir schlummern und so gern verwirklicht und zum Leben erweckt werden möchten. Ist es nicht endlich Zeit dafür?

Begrenze dich nicht, träume und male groß! Es ist die Leinwand DEINES Lebens, und nur DU hast die Erlaubnis, dich auf ihr auszutoben – also, worauf wartest du noch?

Los geht's!

MEINE SEELENFAMILIE

Ich verbinde mich mit Menschen, die so fühlen und denken wie ich.

Impuls für den Augenblick

Die Familie, in die du hineingeboren wurdest, deine Ursprungsfamilie, besteht oftmals aus Menschen, die dir dabei helfen, die Lernprozesse zu durchleben, die sich deine Seele für dieses Leben ausgesucht hat. Da kann nicht immer »Friede, Freude, Eierkuchen« herrschen, weil ihr euch ausgesucht habt, miteinander und aneinander zu wachsen.

Gleichzeitig gibt es den »Soul Tribe«, das sind Menschen, die dir sofort vertraut sind, wenn du sie kennenlernst. Sie schwingen auf derselben Frequenz wie du, fühlen und denken ähnlich. Wenn du einen von ihnen triffst und dich mit ihm oder ihr austauschst, geht dir dein Herz auf, du fühlst dich angekommen und vollkommen akzeptiert. Es fühlt sich an, als ob du in ein war-

mes Nest fällst, du bist willkommen, wirst verstanden und auch gehalten, selbst, wenn es innerhalb deiner Ursprungsfamilie nicht glatt läuft. Dieser »Soul Tribe«, die Mitglieder deiner Seelenfamilie hier auf Erden, sind mehr als treue Freunde. Es sind Seelengefährten, die manchmal auf platonische Art, ein anderes Mal auch auf eine romantische Art und Weise verbunden sind. Euch verbindet im wahrsten Sinne des Wortes LIEBE, die zwischen euch ganz frei und ohne Bedingungen fließt. Mit den Mitgliedern deiner Seelenfamilie kannst du lachen oder auch problemlos schweigen, ihr könnt miteinander einfach SEIN, versteht ganz leicht, was der andere fühlt, UND ihr erschafft gemeinsam NEUES auf diesem Planeten, ein anderes Miteinander. Ihr bringt frische Ideen in diese Welt und ins Leben! Ihr erschafft nie dagewesene Berufe, die Berufungen sind, ihr sät die Samen der Neuen Zeit.
Erlaube dir jetzt aus Liebe zu dir selbst, DEINEN »Soul Tribe« zu finden! Du musst nicht wissen, wie oder wo ... rufe die Mitglieder in deinem Innersten, lasse dich führen, und freue dich auf eure berührenden und zauberhaften Begegnungen!

SCHÖPFER-BEWUSSTSEIN

Ich entscheide mich klar für meine Schöpferkraft und übernehme die Verantwortung für mein Leben.

Impuls für den Augenblick

Geliebtes Wesen, es ist Zeit, die Rollen der Vergangenheit hinter dir zu lassen. Sei ehrlich zu dir, und prüfe, ob du dich vielleicht noch in einer Opferrolle befindest. Es geht nicht darum, dass du dich deswegen schuldig fühlst. Schaue einfach, ohne zu bewerten, wo du deine Macht an andere abgibst.

Wartest du immer noch darauf, dass dich jemand oder etwas retten wird? Wartest du darauf, dass dieses oder jenes geschieht, damit du dich endlich freier, erfüllter und geliebter fühlen kannst? Wenn du dich in diesem Wartemodus befindest und selbst nichts unternimmst, wirst du für immer dort verweilen. Das Universum und die göttliche Quelle allen Seins (es ist egal, wie du sie nennst) spiegelt dir, was du aussendest. Also mache es

dir nicht in einer Opferrolle bequem, sondern ergreife selbstbestimmt und eigenverantwortlich die Zügel deines Lebens. Auch dies ist gelebte Selbstliebe. Weder deine Eltern, dein Partner, deine Kinder noch dein Arbeitgeber sind dafür verantwortlich, dass es dir gut geht und deine Wünsche und Bedürfnisse erfüllt werden, sondern nur DU SELBST. Vielleicht erschreckt dich dieser Gedanke, weil du bisher etwas anderes angenommen und gelebt hast. Aber Eigenverantwortung zu übernehmen, wird dir auch die Freiheit zurückgeben, die du vor langer Zeit aufgegeben hast.
Wandle dich vom vermeintlich hilflosen Opfer zum selbstbewussten Schöpfer. Sei mutig, und nimm dein Leben SELBST in die Hand, Schritt für Schritt. Werde dir zuerst bewusst, was DU dir wirklich wünschst. Dann suche Wege, dir diese Wünsche zu erfüllen. Fange ruhig klein an, und gehe dann unbeirrt weiter.

Lege deine Hand auf dein Herz, und sage dir: »Ich weiß zwar nicht, wie es funktioniert, aber ich bin jetzt bereit, die Verantwortung für mich zu übernehmen und mir alles zu ermöglichen, was sich mein Herz wünscht.«

SEELENNAHRUNG

Ich werde mir bewusst, was mich wirklich nährt, und erschaffe mehr davon.

Impuls für den Augenblick

Sei heute einmal besonders achtsam, und frage dich, ob du dich mit den Dingen beschäftigst, die purer Balsam und wahre Nahrung für deine Seele sind. Umgibst du dich mit Menschen, Tieren und Sachen, die deine Stimmung heben, dich mit positiven Gedanken und Liebe erfüllen, die deine Energie erhöhen?

Nahrung für die Seele sind all jene Dinge, die dein Herz weit werden lassen, die dir ein Lachen entlocken, die in dir ein Gefühl von »zu Hause sein« erzeugen. Momente, in die du eintauchst und dich danach wie neugeboren fühlst, weil sie alle deine Zellen und dein Herz zum Singen bringen.

Was lässt dein Herz schneller schlagen? Was tut dir so richtig gut? Was hast du in letzter Zeit nur für dich und deine Seele getan? Hast du dich mit etwas beschäftigt, was dir Freude bereitet, oder jemanden getroffen, in dessen Nähe es sich richtig gut anfühlt? Und falls nicht, warum nicht? Du brauchst dringend Momente, in denen du wahrlich in dem aufgehst, was du tust, sagst oder genießt! Wisse: Du kannst damit nicht übertreiben, denn je mehr es in deinem Leben von dem gibt, was deiner Seele und dir guttut, desto glücklicher wirst du sein. Achte nicht auf deinen Verstand, und frage dich nicht, warum dieses oder jenes jetzt gerade nicht möglich ist. Mache DEIN Wohlbefinden nicht von äußeren Umständen abhängig. Erschaffe und gönne DIR solche Wohlfühlmomente, und genieße sie in vollen Zügen. Lasse dich nicht beirren, und fordere diese Seelennahrung ein. Nur DU kannst es tun – also los!

SELBSTVERGEBUNG

Ich verzeihe mir meine Selbstverurteilungen und Selbstbestrafungen.

Impuls für den Augenblick

Selbstvergebung ist ein äußerst wichtiger Aspekt auf dem Weg zur Selbstliebe, denn sie bildet das Fundament für einen gesunden Umgang mit dir selbst.

Was solltest du dir endlich verzeihen? Wo bist du unnachgiebig mit dir selbst und verurteilst dich für irgendwelche Unzulänglichkeiten oder vermeintliche Schwächen, die aber einfach Teil des menschlichen Daseins sind? Wann ist dein innerer Kritiker viel zu streng mit dir, wirst du von Schuldgefühlen oder Selbstvorwürfen überwältigt? Warum hast du unrealistische Erwartungen an dich und machst dir das Leben damit unnötig schwer?

Um in deine Selbstliebe zu kommen, erlaube dir jetzt, diesen emotionalen Ballast – Verletzungen aus der Ver-

gangenheit, die vielleicht aus Enttäuschungen, ungelösten Konflikten, Versagensängsten und mehr entstanden sind – loszulassen.
Sei ehrlich zu dir, reflektiere dich, und übernimm die Verantwortung für dein Handeln in jeglicher Form. Habe Mitgefühl mit dir, und erlaube dir, dich mutig deinen eigenen Gefühlen zu stellen. Achte auf deinen inneren Dialog, und ersetze selbstkritische Gedanken durch unterstützende und positive Selbstgespräche. Oftmals behandelst und beurteilst du dich viel strenger, als du dies mit Freunden tun würdest. Sei ab heute DEIN liebster und engster Freund, und begegne DIR mit viel Liebe und Verständnis.
Sei nicht mehr so hart zu dir, sondern sanft und nachsichtig, dann kannst du wachsen und mit Freude neue Erfahrungen machen. Sei dir auch bewusst: Selbstvergebung ist ein kontinuierlicher Prozess, der Geduld erfordert. Erlaube dir also, diesen Weg in deinem eigenen Tempo zu gehen.

SELBST-VERPFLICHTUNG

Ich begegne mir ab jetzt mit Liebe, *Wertschätzung* und Ehrlichkeit.

Impuls für den Augenblick

Dich zu etwas zu verpflichten, kann ungeahnte Kräfte in dir wecken. Sieh dir die folgenden Vorschläge für Verträge mit dir selbst an, und spüre nach, was du dabei empfindest. Welche Gefühle werden wach? Kannst du wahrnehmen, dass du mehr Eigenverantwortung übernimmst und dir auch mehr Selbstliebe schenkst? Arbeite etwas intensiver mit den einzelnen Punkten, und überlege dir, wozu du dich zusätzlich verpflichten möchtest. Du kannst am besten beurteilen, wo bei dir noch Verbesserungsbedarf besteht. Wenn du möchtest, kannst du auch einen Vorschlag auswählen und eine Woche lang deinen Fokus auf die jeweilige Verpflichtung legen. Sei auf die Veränderungen gespannt!

- Ich verpflichte mich, ab sofort vollkommen ehrlich zu mir zu sein, damit ich klar erkenne, in welchen Bereichen ich mich noch selbst begrenze.
- Ich verpflichte mich, mir selbst ab sofort mit mehr Nachsicht zu begegnen. Ich habe Verständnis für mich, auch wenn mir etwas nicht auf Anhieb gelingt. Alles geschieht zu meinem Wohle.
- Ich verpflichte mich, ab sofort liebevoller mit mir selbst umzugehen. Ich bin ein liebenswertes und wertvolles Wesen, und entsprechend behandle ich mich ab jetzt auch.
- Ich verpflichte mich, ab sofort meine eigene Meinung und meinen Standpunkt klar zu vertreten und zu mir selbst zu stehen. Ich kann dies in einem angemessenen Rahmen tun, ohne andere zu verletzen, aber auch, ohne mich selbst zu verlieren.
- Ich verpflichte mich, mich ab sofort und mit jedem Tag mehr so anzunehmen, wie ich bin. Ich verurteile mich nicht für mein Aussehen oder andere Dinge, die ich bisher mit anderen verglichen habe.
- Ich verpflichte mich, ab sofort stärker meiner Intuition zu folgen, unvoreingenommen zu sein und abzuwarten, wohin mich dies führen wird.

STILLE IST HEILSAM

In der Stille des Augenblicks öffne ich mich für die heilsamen Impulse des Universums.

Impuls für den Augenblick

In der Betriebsamkeit und Hektik des Alltags ist Stille ein seltenes Gut.

Du bist immer fokussiert und beschäftigst dich ständig mit etwas, oftmals auch mit mehreren Themen gleichzeitig. Dein ganzes System ist dauerhaft bemüht, die vielen Informationen, die auf dich einströmen, und die Aufgaben, die du dir vorgenommen hast, gewissenhaft zu verarbeiten und zu erledigen. Abends bist du dann oft so erschöpft, dass du dir – zur vermeintlichen Erholung – Sendungen im Fernsehen oder Inhalte von Streamingportalen ansiehst. Wenn es gut läuft, liest du ein interessantes Buch. Alle diese Dinge haben jedoch eines gemeinsam: Dein Innerstes ist IMMER mit der Verarbeitung von unendlich vielen Informationen beschäftigt.

Wann stehen deine Antennen einmal ausschließlich auf Empfang für das, was deine Seele, das Universum oder deine geistigen Verbündeten dir übermitteln möchten? Freunde dich wieder mit der Stille und dem Nichtstun an. Anfangs mag das etwas befremdlich auf dich wirken. »Wie kann man denn einfach so herumsitzen und gar nichts tun?«, wirst du dich fragen. Nimm dir Zeit, in die innere Ruhe abzutauchen – ohne Ablenkung von außen, Musik, andere Menschen oder Unterbrechungen. Sei einfach nur ALLEIN mit DIR. Suche dir einen Raum, wo dies möglich ist. In der Natur findest du oft wunderbar stille Plätze. Atme die frische Luft tief ein, und lasse dich einfach von deinem Innersten führen. Gedanken und Gefühle dürfen auftauchen, aber auch wieder verschwinden, ohne dass du dich mit ihnen beschäftigst.

Du wirst bemerken, dass absolute Ruhe und Stille dich unfassbar entspannen. Es ist wie ein »Reset« deines ganzen Systems, das endlich einmal herunterfahren kann. Plötzlich empfängst du Ideen und Einfälle, die vorher nicht zu DIR durchdringen konnten, weil du immerwährend mit etwas beschäftigt warst.

ÜBERFLUSS STEHT MIR ZU

Ich bin es mir wert, in allen Lebensbereichen Liebe und Fülle anzuziehen.

Impuls für den Augenblick

Was bist du dir wert? Hast du darüber schon einmal intensiver nachgedacht?

Gibst du dich mit wenig zufrieden, gerade mit so viel, wie du zum Überleben brauchst? Bist du lieber bescheiden, weil man mit dem, was man sich wünscht, nicht unverschämt werden sollte? Das alles sind begrenzende Gedanken und Gefühle, mit denen du dich unnötigerweise kleinhältst. Fakt ist: Niemand wird zu dir kommen und dich mit Fülle versorgen, wenn du so einschränkend von dir selbst denkst. Das Leben zieht immer das an, was deinen Gedanken und Gefühlen entspricht. Das Universum ist grenzenlos, du kannst niemandem etwas wegnehmen, da unendlich viel Energie vorhanden ist.

Beginnen wir also noch einmal von vorn. WAS denkst du wirklich über dich, über deinen Wert und das, was du ganz tief in deinem Inneren möchtest? Warum nicht nach den Sternen greifen? Befreie deine begrenzenden Gedanken, und träume einmal richtig groß! Auch wenn es sich am Anfang völlig surreal anfühlen mag, alle deine Träume können wahr werden. Du kannst deine Wünsche zuerst in Tagträumen ausleben und dadurch realisieren, weil du sie mit Gefühlen eines gesunden Selbstwerts fütterst. Stelle dir vor, es gibt für dich keine Grenzen, und spüre hinein, was sich für dich richtig gut anfühlt. Habe keine Angst davor, über das Ziel hinauszuschießen. DEINE Träume dürfen sich entwickeln, und du darfst dich in DEINEN inneren Bildern austoben.
Mit der Zeit wirst du ein Gespür für die Realisierbarkeit deiner Träume bekommen und erleben, dass manche Ziele gar nicht so weit entfernt sind, wie du anfangs dachtest. Sei es dir wert, deine Träume zu leben und weit mehr Überfluss und Liebe in dein Leben zu ziehen als bisher.

UNTERSTÜTZUNG

Ich darf andere um Hilfe bitten, um in einer herausfordernden Situation weiterzukommen.

Impuls für den Augenblick

Es gibt in deinem Leben immer wieder herausfordernde Situationen, in denen du einfach nicht vorwärtskommst. In diesen Momenten hast du das Gefühl, vor einer Wand zu stehen oder den Wald vor lauter Bäumen nicht zu sehen, nicht wahr? Und das ist völlig normal, denn manchmal ist einfach ein anderer Blickwinkel notwendig, ein anderes Wissen, das du dir noch nicht angeeignet hast, etwas, woran du dich (noch) nicht erinnerst.

Erlaube dir, in solchen Momenten um Hilfe zu bitten oder dich für sie zu öffnen. Zum einen gibt es Menschen, die sich darauf spezialisiert haben, dich in genau diesen Situationen zu unterstützen. Aber es existieren auch Wesen wie Engel, Geistführer oder andere Lichtwesen um dich herum, die dir in schwierigen Augenblicken hilfreiche Energien und Impulse zukommen lassen. Hilfe anzunehmen, bedeutet nicht, dass du schwach bist. Im Gegenteil, es bedeutet, dass du dein Wissen erweitern und ganz neue Erfahrungen machen möchtest, denn du lernst ständig dazu. Oftmals ergeben sich aus der Hilfestellung durch andere Menschen und Wesen neue wertvolle Begegnungen, die sonst nicht zustande gekommen wären.

Wenn du möchtest, halte deine Hände auf dein Herz, und sage dir: »Ich weiß zwar nicht, wie es funktioniert, aber ich bin jetzt bereit, dieses Problem (benenne es hier), diese Herausforderung in meinem Leben, zu lösen. Danke, dass sich mir jetzt Möglichkeiten zeigen, danke, dass jetzt Hilfe auf dem Weg zu mir ist.«

Du wirst sehen, dass dir bald selbst Lösungen einfallen oder plötzlich Menschen auf dich zukommen, die dir eine große Unterstützung sein werden.

Folge dem Pfad aus der Ohnmacht, und erfreue dich daran, dass du eingewoben bist in ein Energienetzwerk, das immer FÜR DICH da ist und dich optimal unterstützt, wenn DU bereit dafür bist.

Veränderung ist Wachstum

Ich begegne Veränderungen mit Freude, Neugier und Vertrauen.

Impuls für den Augenblick

Wie gehst du mit Veränderungen um? Bist du eher ein Mensch, dem das Gewohnte lieb und teuer ist, der es sich in seiner Komfortzone so richtig gemütlich gemacht hat? Dann fühlst du dich dort wohl und sicher, nicht wahr? Du weißt bereits, wie das Leben funktioniert, und musst innerlich kaum flexibel sein. Nur leider bedeutet dies auch Stillstand.

Du erreichst nie einen Punkt, an dem es nichts mehr zu lernen gibt. Das Leben wird dir immer wieder Umstände und Menschen vorsetzen, die dich dazu auffordern, dich zu verändern und zu bewegen – und an dem Wandel zu wachsen. Daran ist absolut nichts Schlechtes und auch nichts, was dich ängstigen muss. Erkenne in diesen Momenten die Möglichkeit, dein Leben noch schöner und facettenreicher zu gestalten. Manches davon mag sich auf den ersten Blick fast wie eine Bestrafung anfühlen, doch sei dir sicher, in allem steckt ein Geschenk, das dich auch in deinem Innersten wachsen und dich weiterentwickeln lässt. Wenn du alles, was dir begegnet, aus diesem Blickwinkel betrachtest, wirst du dich völlig anders fühlen.

Erlaube DIR das nächste Mal, wenn Veränderungen auf dich zukommen, statt Ängsten und Sorgen Vorfreude und Neugier Raum zu geben. Frage dich, welches Geschenk sich für DICH darin verbergen könnte. Wenn du es nicht auf den ersten Blick erkennen kannst, entwickle das Vertrauen, dass dir das Leben und deine Seele nichts bescheren, was nicht von Vorteil für dich wäre.

Denn ALLES in deinem Leben ist ein Geschenk! Gib Veränderungen eine Chance, und beginne noch heute damit, die Dinge aus einer anderen Perspektive zu betrachten.

Vitale Ernährung

Ich verwöhne meinen Körper mit gesunder und natürlicher Nahrung.

Impuls für den Augenblick

Stelle dir vor, es gibt jemanden, den du über alle Maßen liebst und dessen Wohlergehen dir unfassbar am Herzen liegt. Du würdest sicherlich alles dafür tun, ihn auch körperlich mit allem zu versorgen, was er braucht, nicht wahr?

Nun begib dich selbst an diese Stelle. Du bist die Person, die du ab sofort mit wirklich allem nähren wirst, was sie für ein gesundes und glückliches Leben braucht. Lege dein Augenmerk heute auf deinen Körper. Spüre in ihn hinein, frage ihn, was er gerade an vitaler Nahrung benötigt, um einwandfrei funktionieren oder vielleicht sogar heilen zu können. Wenn du den Bedürfnissen deines Körpers schon eine Weile keine Aufmerksamkeit mehr entgegengebracht hast, brauchst du vielleicht eine Weile, bis du die feine Stimme deines Körpers wieder wahrnehmen kannst. Gib dir ruhig alle Zeit, die du brauchst, und denke nicht, dass du gar nichts wahrnehmen kannst. Irgendwann wirst du – auch ohne Schwangerschaft – Gelüste auf bestimmte Speisen haben, die dein Verstand nicht sofort nachvollziehen kann, die dir aber guttun werden. Probiere ruhig einmal Lebensmittel aus, die du noch nie gekostet hast. Zelebriere die Zubereitung deines Essens so, wie du es noch nie zuvor getan hast. Denn auch WIE du mit Lebensmitteln umgehst, wird von deinem Körper wahrgenommen. Wertschätzung und Liebe für das, was du deinem Körper zuführst, wird sich auch als positive Energie auf ihn auswirken.

Segne die Zubereitung deiner Speisen, segne deine Mahlzeiten, bevor du sie isst, und spüre Dankbarkeit. Achte darauf, dass dein Essen eine vitale und energiereiche Ausstrahlung hat, denn genau damit nährst du auch DICH. Dein Körper wird es dir mit Gesundheit, Vitalität und Lebensfreude danken.

Also, worauf hast du heute Lust?

Zeit für eine Pause

Ich nehme eine Auszeit und schenke mir Entspannung, Ruhe und Schlaf.

Impuls für den Augenblick

Wie fühlst du dich, während du die Botschaft dieser Orakelkarte liest? Spürst du, wie du tief durchatmest, wie du bereits bei dem Gedanken, dir eine Pause zu gönnen, innerlich ein wenig entspannst?

Der Alltag birgt immer wieder neue Herausforderungen. Daher sind Pausen und kleine (oder sogar größere) Auszeiten überaus wichtig, damit du in Balance bleibst und deine Kraftreserven auftankst. Obwohl – oder genau wenn – du Gedanken hast wie »Ich kann mir jetzt auf keinen Fall eine Pause gönnen, weil ich so viel zu tun habe, meine To-do-Liste ist endlos!«, ist eine Pause wichtiger denn je. Erlaube dir, zur Ruhe zu kommen. Selbst kleine 5-Minuten-Pausen bringen dir bereits wichtige Entspannungsmomente. Am besten

ist es, wenn du dir diese Pausen schon in deinen Tagesablauf einplanst, wie du das zum Beispiel auch für dein Mittag- oder Abendessen machst. Falls das nicht funktioniert, lasse dich nicht auch noch von der Planung deiner Pausen stressen, ganz nach dem Motto: »Oh, ich MUSS mir jetzt unbedingt wieder eine Pause gönnen.« Spüre einfach in dich hinein, was DU in diesen Augenblicken am ehesten brauchst. Manches Mal reicht es, einmal bewusst aus dem Gedankenkarussell auszusteigen oder sich einige Minuten Zeit für sich allein zu nehmen, einen kleinen Spaziergang oder ein Powernapping (kleine Schlafpause von 20–30 Min.) zu machen. Jeder Mensch tankt anders auf. Finde heraus, was DICH in der jeweiligen Situation am besten unterstützt.
Lasse es dir zur Routine werden, dir immer wieder kleine Verschnaufpausen zu gönnen – sei es dir wert!

Zeit für Visionen

Ich nehme mir Zeit zum Träumen und erspüre meine innersten Wünsche.

Impuls für den Augenblick

Welche Träume und Wünsche für dein Leben hast du? Hast du dich in letzter Zeit mit dem beschäftigt, was du wirklich erleben und erfahren möchtest? Oder hast du deine Träume und Wünsche im Laufe der Zeit immer weiter begraben, sie im Strudel deines Alltags allmählich vergessen? Vielleicht haben dir auch die Menschen in deinem Umfeld gesagt, dass sich deine Träume nie erfüllen werden und du dir lieber ein realistisches Leben aufbauen solltest, anstatt ständig in anderen Spähren zu schweben. Weißt du, warum dir diese Menschen das sagten? Weil es IHRE Realität ist – sie selbst gehen so mit ihren Träumen um. Doch das muss nicht dein Leben werden. Du kannst ganz frei deine eigene Realität gestalten.

Es ist Zeit, dass du deine Träume und Wünsche wieder aufleben lässt. Es gibt unfassbar viele Möglichkeiten, das zu tun. Nutze alles, was dir hilft, deine inneren Bilder in eine physische Form zu bringen und dich immer wieder daran zu erinnern, wohin deine Reise dich führen soll. Du kannst beispielsweise ein Visionboard anlegen oder innere Seelenreisen machen.

Wenn du dir gar nicht darüber im Klaren bist, was du dir eigentlich wünschst, überlege, was du auf gar keinen Fall (mehr) möchtest, und stelle dir dann das Gegenteil davon vor. Verweile aber nicht zu lange in den negativen Empfindungen, sondern wechsle deine Perspektive hin zu dem, was sich für DICH RICHTIG GUT ANFÜHLT! Alles, was dir ein Gefühl von Leichtigkeit und Freude beschert, gehört zu deinem Weg. Bei den Dingen, Momenten und Menschen, die dir ein Lächeln auf dein Gesicht zaubern oder bei denen dein Herz besonders stark zu klopfen beginnt, bist du richtig!

Nimm dir jeden Tag Zeit für deine Visionen, hauche ihnen in Gedanken Leben ein, sieh sie vor deinem inneren Auge, und erspüre, wie es sich anfühlt, wenn sie wahr werden, sich dein Traum erfüllt hat. Und übrigens: Grenzen setzt DU DIR nur SELBST!

DANKSAGUNG

Dankbarkeit fließt täglich durch mein Herz. Ich bin dankbar dafür, dass ich meine Berufung leben und mit meinen Kunstwerken, Büchern und Kartendecks andere Menschen berühren und in ihrer Selbstfindung unterstützen darf. Ich bin dankbar, weil die Impulse zu neuen Projekten immer wieder leicht in mein Leben fließen und es mir eine solche Freude ist, sie auch zu verwirklichen. Für das Vertrauen, das die Menschen mir entgegenbringen, wenn sie eines meiner Kartendecks kaufen und sich davon inspirieren lassen, bin ich unfassbar dankbar. Der Verantwortung, die damit einhergeht, bin ich mir durchaus bewusst. Ich bin dankbar für die Prozesse, durch die auch ich gehe. Ich bin dankbar für alles, was ich über mich selbst lerne und erfahre, und für die Erkenntnisse, die ich mit anderen teilen darf. Ein großes Dankeschön geht an meine Verleger Heidi und Markus Schirner, die ich auch nach 12 Jahren als Autorin und Künstlerin im Schirner Verlag immer wieder aufs Neue begeistern darf. Danke allen Wesen, die diese neue Schöpfung mit möglich machten!

Ich danke für die wunderbaren und einzigartigen Menschen, die mich in meinem Leben begleiten und mich inspirieren. Das fängt bei meinem Mann an und geht

weiter mit meiner Seelenfamilie – zauberhaften Menschen, die ich liebe und unfassbar schätze. Mit euch zusammen wird eine neue Welt entstehen, und darauf freue ich mich schon unglaublich.
Danke, danke, danke!

Shayana

Persönliche Empfehlungen

Wenn ich meine Bilder erschaffe oder Texte schreibe, tue ich dies in der Regel IMMER mit Musik oder Klangfrequenzen, die mir helfen, in eine höhere Schwingung zu kommen. Vielleicht sprichst auch du positiv auf die Klänge an. Dann schaue einmal auf diese YouTube-Kanäle, eventuell ist etwas Wertvolles für dich dabei:

www.youtube.com/@Healing.Melody
www.youtube.com/@neowakesound
www.youtube.com/@PositiveEnergyRelaxationMusic
www.youtube.com/@meditativemind
www.youtube.com/@MusicforBodyandSpirit
www.youtube.com/@RelaxandRejuvenate
www.youtube.com/@saltofthesound
www.youtube.com/@Mei-lan

Über die Künstlerin und Autorin

Gaby Shayana Hoffmann lebt in Erkrath (Nordrhein-Westfalen) und hat als ganzheitliche Künstlerin ihre Berufung in der Gestaltung spiritueller Kunst gefunden. Seit 2002 erschafft sie unter dem Namen »Dolphins DreamDesign« lichtvolle Energie- und Kraftbilder, die die Seele berühren. Ihr Herzensanliegen, andere Menschen daran zu erinnern, wie einzigartig und wundervoll sie sind, lässt sie in die Texte und Botschaften ihrer Bücher und Kartensets einfließen.

www.dolphins-dreamdesign.de